Runoja I

Asatour

Runoja I

Päällys ja taitto: Books on Demand GmbH, Helsinki, Suomi
Kustantaja: Books on Demand GmbH, Helsinki, Suomi
Valmistaja: Books on Demand GmbH, Norderstedt, Saksa
ISBN: 978-952-498-086-9

Sisällysluettelo

ESIPUHE

ASATOUR

Synnyin 1953 Helsingissä. Kasvoin keskiluokkaisessa nelilapsisessa perheessä. Opiskelin, avioiduin, saimme Noru tyttären 1978, erosin vaimostani ja jätin virkani. Vietin nuoren miehen irrallista elämää toimien erilaisissa ammateissa. Kymmenen vuotta elämästäni on vierähtänyt eri puolilla maailmaa, missä olen tutustunut monenlaisiin ihmisiin ja yhteiskuntiin.

Tapasin nykyisen Iranin armenialaisen vaimoni Kreikassa ja menimme naimisiin vain yhden päivän tutustumisen jälkeen. Liitostamme on syntynyt kaksi lasta, poika Dro 1986 ja tytär Ruth 1992.

Aloitin vakavan kirjoittamisen vuonna 1978. Olen kirjoittanut mietelmiä, runoja, novelleja, esseitä ja proosaa, sekä kääntänyt mm. armenialaista kirjallisuutta. Viime vuodet olen voinut omistautua pelkästään kirjoittamiselle, mitä voi pitää suurena etuoikeutena.

Nämä runot eivät jostain syystä ole saaneet sijaa tietyn teeman alle kirjoitetuissa kokoelmissani. Ne ovat kipeitä, vakavia ja osin tuskaisiakin. Uskon niiden kuitenkin puhuttelevan lukijoita myös siten, etteivät he koe olevansa aivan yksin, yksin. Ettei ole syytä olla toivoton ja että maailmassa on jaksettava uskoa, toivoa ja rakastaa kaikesta huolimatta.

Tuusula 17.05.2008 ASATOUR

RUNOTAR

runottareni on yksinäisyyden vihlova aika
    sen kiusaus ja uuvutus
        ja vireen vääntämä riitasointi
            miljardin säröisen seikan summa
            sen kasvatus ja kuihdutus

se on aika joka murhaa
    maailmassa joka janoaa ja janottaa
        haavojeni kirvoitus sekä lohdutus

runottareni kysyy aina
    tunnenko lukuisat kasvonsa
        morsiushuntunsa takaa?

voi kyllä tunnen varmaan
    lemmen teräksiset hampaat
        ja huuliltani vuotavien sanojen hinnan
            sekä tunnustusteni painavuuden
niiden laskua saan maksaa alati

tunnen runottareni vaativan olennon
sen totisen itkun ja nautinnon

Helsinki 1981

KENEN JOUKOISSA SEISOT

maa värväsi minut ensin joukkoihinsa
kasvatti oppilaan alistujan ja myötäilijän
sai jotenkin ensin ummistamaan silmäni
kunnes avasi näkemään näkeväisen sokeuden

kuulin maan huutojen takaa
taakkojen näännyttämät huokaukset
ne näyttivät minulle tunteettoman vallan
sen oikukkaat tuulet
ja sankaruuden häviävän suosion

niin pestauduin meren joukkoihin
ja asetin lastuni tuuliajolle
vaille määränpäätä ja kotisatamaa
ei ollut kiinnekohtaa tai tietä
eikä mitään varmuutta suunnasta
matkasta tai ajan kulusta

ajan hirviö ryhtyi kertomaan
tarinaa menneen onnesta ja tulevan peloista
muttei puuttunut tähän kirottuun hetkeen
ja sen ahdistukseen
joten luiskahdin taivaan joukkoihin

se tapahtui kuin vahingossa
ja kiiruhdin kauhuissani yksin taivaan peilisalin läpi
tein amokin juoksua riittämättömyyteni kujalla

peilin kateus kauna viha ja vahingonilo
viilsivät haavoille ja väänsivät mielihyvästä murheen
niin tulin maailmasta täyteen tyhjäksi

mutta taivas tivasi: kuka sinä olet
asettaaksesi toisen jalkasi maalle ja toisen merelle
tähyten kaikkea ylhäältä?

ja taivas löi minua tympeydellä
pilvet kuluttivat temppeliäni
meri syövytti lihaa jalastani
ja maa sysi toista jalkaani tunnuksettomana syrjään
enkä kuulunut enää mihinkään
seissyt enää kenenkään joukoissa

Tuusula 18.12.2006

12

HALUJEMME VUO

halu tuo intohimojemme ihastuttava hahmo
saapuu luoksemme
    hymyillen ystävänä
se riistää suloillaan puolustuksemme aseet
        - joita se halveksii -
ja kääntää ne turhaksi mielessämme
hämmennyksellemme
    se vain nauraa

halun pakko saattaa syttymään itsekkääseen lempeen
joka käen isoavin elkein
    täyttää sydämemme sievän pesän
hiussuortuvan jo kohta sipaisee korvamme taa
    ja vaatepartemme uuteen
    outoon kuosiin laittaa
ystävämme hämillään saattaa kodistamme
    loukattuna poistumaan

poissa yhteydestä ovat kyynelten sumentama: silmämme
vain kaipuuta johonkin tuttuun
    koettuun ja entiseen
    eivätkä nuoruuden auringot
lämmitä meitä kuten ennen loistollaan
    vaan alati yksin
hoipumme viininhuuruissa ja unelmien pirstoissa
    valjuina kuutamolla

kohta jo lempeä - tuntemattomaksi jäävää -
muualta epätoivoisesti etsimme
käymme läpi irstaan mielihyvän himoja
niillä huolettoman lapsen lailla leikimme
lempi jakaa onnen sijaan meille lumelaupeuttaan
eikä riitä korvikkeensa lainkaan
kun yhä tympeämmin jatkamme taivalta
syntiemme siivittämää

illan saadessa kotimme ylle hiipii peto viidakosta
naurun ilakka virittää halun juhlapidoista
ettemme muistaisi tässä ja nyt
nopeasti ohi kiitävää aikaa
tai luulisi muualta löytävämme onnea   jota se hohotuksin
tahtoo itse narrin ilvekujein
tai kuin tivolin klovni hassuin tempuin muistuttaa
ja niitä aina toistaa

halun saatua lystistämme kyllikseen
ei tyytyväisyyttään enää lainaa   vaan saattaa meidät sairaina
katse vihaa kipunoiden
sijastaan Luojalle raivoamaan:
loit mitättömän tanssijan inhottavan alhaisen houkan
petetyn petturin
josta puhtaus on kuollut pois ja jota intohimojen rujous
ikävällä enää vaivaa

ah ... ja tämä tylsä harhailumme alkaa
jo jumalaista kompastelua muistuttaa

Ateena 24.10.1984

HALUSIMME OPPIA ISOIKSI

muistan kuinka naapurin täti ja setä näyttivät risulla mallia
kun leikimme veeran kanssa kotia liiterin katolla
silloin päätimme vakaasti rakastaa toisiamme aina
ja olla vapaita tekemään työtä ja tuhlaamaan rahaa
kirskuttelemaan isojen tavoin hampaitamme
ja olla itkemättä
enää koskaan

ikinä

isä vei minut ja veeran kerran tivoliin kun me haluttiin
kilauttaa kelloa nuijalla ja heittää tikkaa tauluun
päästä markalla narun jatkoksi iskeä päärynäpalloon
ja juoda salaa limpparikännit sirkusteltan takana
      katsella taikurisedän temppuja
          ja tanssivan tädin napaa
nähdä oikea tiikeri
      no ... häkissä toki vain
ja oppia olemaan isoja

Helsinki 1981

EDENISTÄ IKUISUUTEEN

tänä kesäisenä päivänä kerrostalojen mustat tervakatot
heruttavat väreillen kuumaa hikeään
ja antennien ryteikkö vaikuttaa
hopeiselta piiskametsältä

kiiltävät antennikourat hamuavat tuulessa huojuen
puuvillapilvistä otetta
saadakseen ne valumaan pois edenistä
ikuisuuden hautaan

Helsinki 22.07.1981

RAKKAUDESTA

itsekäs rakkaus uhkaa yksinäisyyden sairaudella
pelolla piinalla ja kapakan viinalla
sekä kaiken synkeällä laimeudella
tunnetko sen?

mielipuolen rakkaus on hetkessä pois haihtuva kiima
omistamisen lyhyt riemu valloitus
ja kapakkaruusujen keräily
tunnetko sen?

hullu rakkaus ei ole synneistä tuleva tuotos
ei laiskan katumuksen kannustuspalkinto
eikä hyvän ammattilaitostus
tunnetko sen?

rakkautta eivät tuo itsen lukot ja autiuden yhteys
tai pääkopan viestilinjojen poikki viillot
kadotettu kontakti muihin
tunnetko sinäkin sen?

palvotko hulluna rakkautta
tunnetko sen?

Helsinki 1981

KUNINGATAR

mikä hirveä puute
saa taikuri luonnon pukemaan hänet
sulojen rasittamaan viehkeään kuosiin?
niinkö tuhannesti kostetaan
katalan himon piinalla lempensä valta?

mikä julkeus vuodattaa hehkunsa
yli palvonnan rasittaman kehon ja mielen?
niinkö kruunataan raskautuksella
rakkauden kuningatar?
se kaikki tapahtuu niin huomaamatta!

Järvenpää 1986

OUTOA KASVUA

lemmitty porraskäytävän tasanteilta
nuoruuden kotibileiden viininhuuruista
kyläpaikoista häistä ja vieraista kamareista
sinä kadulta siinnyt visvasyylä
syöpäläisten kutka ja kuhina
kristusperkeleiden herpes-vulva
palvonnan kohde joka saatat syyhyn

kutistat sisältä suuremmaksi
saatat eksyksiin
saarrat ylenkatseesi keihäitten umpikehään
rakastajasi iskivät kauttasi taudeilla
keihästivät mustasukkaisuudella
kutittivat petoksella ja yksinäisyydellä

yhä vielä jos kosketan luuttuani
se soi alavireisemmin
mutta soi yhäti ... ja muistaa
vanhat rakkauden acordit

Helsinki 1981

TAHATTOMASTI

katso liikuttuneena hienoista sääliä tuntien
lolan hymyilevien kasvojen riutunutta piinaa
ja häveliään alakulon arkoja silmäyksiä
joissa eilinen katseensa takana riivaa

sydämessään piilevän pehmoisen teräksen
myös huuliltaan hiipuneen lämpimän kosketuksen
voin antaa anteeksi kuivin silmin
joita tahaton loisto vain ... enää kostuttaa

Helsinki 1980

HARKINTAA

näen nuo epäröivät silmänvälkkeet sivuun
ja suupielten verhotun hymyn
huomaan katseen hermostuneen karton
tyhjän ja pälyileväisen
tunnen rinnassani pitkien öitten saaton
ja havaitsen ivan häiveen suupielissään
kun hän pukee ylleen yöpaitaa?

olen kaukana kaikesta välinpitämätön turta
ollut sitä jo päiviä viikkoja tai … vuosia
mutta annan mielelläni hänelle aikaa
tulla luokseni kharonin laiturille
styksin virralle
mihin hän jätti minut
ja mihin elävä kuolema nyt
noine ylenpalttisine huveineen
hänetkin saattaa

Helsinki 13.04.1981

SINÄ HETKENÄ PEILI SÄLÄHTI

peili tekeytyi olemattomaksi
kielsi uhitellen minut
ja sai nousemaan sitä vasten
samaistumaan siihen

silloin peili katsoi minua tarkasti
ja minä katsoin kuvastinta
se leikki ymmärtämättömyydelläni
sai kuvitelmaan että se olen minä

sallin uskotella itselleni olevani peilin kuva
menin rikki sisältä
ja suutuksissani rikoin peilin
sen sälähtäessä sirpaleiksi huomasin
etten olisi voinut olla peili
sillä sen kuvajainen
viiltyi ammottaville haavoille
ja minä olin näennäisesti ehjä

olin peilin ulottumattomissa

Tuusula 19.03.2007
Teema: Zola "Peili kieltää itsensä, minä kiellän peilin"
Arto Melleri Runot Otava s.90

22

LUOLA

platonin luolassa jossa kaikki ovat ja joka on kaikki
seuraan murtuminen murtumiselta sen valhetta
tiedän myös että onkalo jonne vapaus ja kaikki on kahlittu
ei ole menneessä tai tulevassa ylhäällä tai alhaalla
vaan tässä meissä jokaisessa

itsensä vanki ja vartija syyttäjä ja puolustaja
        kaikkeuden seikoilla sidottu sielu
                haamu luolassa
                        täydellinen kuvatus
ajan hirviö

jos luolavaltakunta olisikin lasten kaltaisten
en siltikään haluaisi olla siitä osallinen

vieläkin soi korvissani koulun pihalta:
paperikello! ryssän tikkitakki!
sellaista on pienten huolenpito

yhä kuulen vuokrakasarmin leikkikentältä huudot:
äitiyspakkaus! sossukengät!
sellaista on pienten paimennus

aina pitäisi kerjätä
S I L T Ä
        mutta minä en ole avuton
                lopen uupunut vain
tähän luolaan
aina

Tuusula 20.03.2007
Teema: Arto Melleri Higher And Higher Runot Otava s.411

23

KOLMEKYMMENTÄ VUOTTA TYÖTÄ

kolmekymmentä vuotta sitten
tämä työ alkoi tuntua miellyttävältä
eikä sitä tukenut seurakunnan lume

niin kaikella lie alkunsa ilman kirkkoa
ja siksi varmaan loppukin tulee ilman sitä
luodut näkevät tuhonsa tuota pikaa
mutta sitä ennen niitä runtelee aika
lait ja normit takaavat niiden kaatumisen
olomuotojen pellon vakoon
vain ihan alkusynty ja henki säilyy
tomun mennessä tuulten teitä

sillä kaikki lankeavat *loveen*
putoavat ja nostetaan ylös
kevään herätessä

Tuusula 20.03.2007

VALO

vaan uskallapas erottaa
tämän sumun ja lumeen keskeltä valo
niin elävä kuolema opettaa sinulle heti
miten suuri joukko sysipimeitä puolia
sillä on esiin valaistavana kaikessa

Tuusula 21.03.2007

25

KRISTUSPERKELEET

nuoruuteni viritti viuluni kielet niin kireiksi
että varteni vääntyi luokille jo varhain
ja vanhenin hetkessä vanhaksi

mistä loukosta nuo kristusperkeleet
voisivat kaivaa puollon inhimillisyydelle
niin ettei lasaruksena tarvitsisi miettiä
kuinka saada sen sietämätön löyhkä
edes miltei hyväksi

Tuusula 21.03.2007

SÄRKYNYT EHEYS

tunnen itseni upporikkaaksi ja rutiköyhäksi
se vaatii vain ymmärrystä

kuten sekin
että saan siihen voimaa
väärinymmärryksestäni
merkityksettömillä arvoilla
ei ole merkitystä silloin
kun on särkynyt kokonaiseksi

Tuusula 23.03.2007

OUTO SANA

luultavasti se inhottaa
mutta on pakko todeta
ettei taida olla toista
yhtä julkeaa ilvettä ihmisen suusta

mitätön luonne loisii sen huomassa
ja jos hän taittuu lakoon tai menee hukkaan
voi luottaa siihen ettei se saavu lohduttamaan
sillä nimellä kutsuttu
salaa helposti iljettävimmänkin synnin

mikäli puutarhan hoito jää kesken
niin voi olla varma mikä sen keskeyttää
pahuuden tiellä vaeltavat luottavat siihen
ja vaikka tuntisi sen polun kuopat
niin silti eksyy
kaikki se eksyttää

luultavasti se inhottaa mutta pakko on todeta
että sillä on väärä nimi

Tuusula 23.03.2007

SOTURIN RUKOUS

en ymmärrä että salaat itsesi
ja hylkäsit minut jo ammoin
syntymäni hetkellä
sitä ennen ymmärsin
että olit minä ja minä olin sinä

mutta kun saatoit sotimaan
ahdistamaan nälkäisiä ja kurjia
pettämään ja vallitsemaan
ja vainoamaan minua
en voinut ymmärtää
että sinä olisit minä
enkä ainakaan enää sitä
että minä olisin sinä

armahda maailma näkemään
ja tekemään se täydelleen
että soturin suurin voitto
piilee häviämiseen

Tuusula 23.03.2007

AJAN KULUSSA

jokin on vinossa ajan kulussa
täytyy ihan kurkotella uteliaana
että onko se tuo ... kirottu ahneus
kannoillaan intohimo
ne kun kiitävät käsikkäin tanssimaan
ja ... viheltävätkin vielä

vai onko se tuo halvatun mielihyvä
onnen kamppeissa iljetyksen kintereillä
joka tavoittelee sivistyksen separaattorissa
läheisyyden sylin loittonevaa lohtua
kuvitellen saavansa sen ilman maksua
tai näennäisen rakkauden kaupalla
ja viheltää

kansallisteatterin lavalta haiskahtaa nenääni
vahva henkisen köyhyyden löyhkä
se muhii mukahyvän kaasukuplapierussa
paskoo nainnin suullaan rakkaudeksi
näyttelee kuolleen eläväksi
ja päinvastoin
v .... ! ja viheltää huolettomasti vielä

Tuusula 24.03.2007

VIRKAMIEHESTÄ RUNOILIJAKSI

olisiko kuten virkamies
elämän groteskeja direktiivejä täynnä
ole virkamies
kun osaat lukea ja kirjoittaa kaiken
epilogista prologiin
ja lain laittomuuden taakkoja harteille väliin aina väärinpäin
ei virkamies ei ole jumalinen ihminen

olisiko kuin keisarin kirjuri
täysin mahdoton maallikon ymmärtää
ole kirjuri
kun osaat lukea ja kirjoittaa kaiken
prologista epilogiin
muttet verojen määrää siihen väliin aivan oikeinpäin
ei keisarin kirjuri ei ole jumalinen ihminen

olisiko kirjaileva keisari
mielipuoli nero tajuta
ole keisari
kun osaat lukea ja kirjoittaa kaiken
proepilogista epiprologiin
ja mihin hulluus ikinä mahtuu väliin oikein tai väärinpäin
ei keisari ei ole jumalinen ihminen

on pakko ruveta runoilijaksi
ja kääntää tämä helvetti kauniiksi
ole runoilija
kun osaat lukea ja kirjoittaa kaiken
oikein ja nurinpäin
ja mitä elämään mahtuu rivien väliin   vaikka miten päin
sillä runoilija on edes ... jumalien hylkiö

Tuusula 24.03.2007

MIELIHYVÄNARKKARI

joka päivä saadaan kiinni mielihyvänarkkari
tekemässä turhiksi omia toiveitaan
kuolettamassa itseään markkinakamalla
hänet telotaan tylsäksi taitavin sanakääntein
ja huumataan positiivisuudella
rahalla menestyksellä tai vallalla

epäilijöitä taas lukitaan ja lääkitään
tai yliannostellaan kuoliaaksi
tupakalla viinalla ja morfiinilla
kirjaamatta puolusteluja

sekoilijoita pelätään häpeillen
ja kauhistellaan kurjien tulevan
vielä kaikesta siitä rääkkäyksestä
liian viisaiksi

on siis pakko tuomita sävärit
taitavin sanomisin
mutta nyt tarkoin kirjatuin

tuomio: tehnyt itsestään hyödyttömän ja tuottamattoman
            takaisin hyödyttämään ja tuottamaan
            jalkapuuhun loppuelämäksi onnen korvikkeilla

kuinka muutoin valhe nauttisi väärän kanssa
veroilla juhlahunajaa
sillä välin kun epäilijät kituvat
tai päätyvät paistamaan pannulla
rexin perskeistä lättyjä

elävä kuolema vain osaa olla kaikille
niin kallista
niin väärin
tai niin ihanaa

Tuusula 25.03.2007

USKONTOJA ISMEJÄ JA ISOVELI

uskonto on valtion sorron panttilainaamo
näennäisen laillisuuden vahti
se jalostuttaa sokean ja julman yksilön
tekopyhin lumehyveen ohjenuorin

parkaise sillä tuo laittomuuden sikiön katala kätilö
pakottaa ismeihinsä varhain
lapsenpäästäjä vaatii lasta valtiolle ja huutaa:
lapset kumartakaa petoa
virkamiehiä orjuuttajia
ja rahaa!

hmm ... sehän on saatana itse ihan pohjimmiltaan
ja se kirottu vainolainen leikkii hyväntekijää
siis peto virkamiehet papisto ja raha
vihaavat vapaata sielua tasa-arvoa ja minua!
yhdenvertaisuuden aate
on heille kitkerää palkan maksun aikaan
ja taipuvat siihen vain
koska se voittaa itse tehdyn työn tuottaman tuskan
ja torjuu heiltä puutteen ymmärryksen

mutta sinä olitpa yksinäinen hullu
tai seurallisesti mieltä vailla
niin erikoisuutesi salaa
ja varo visusti korostamasta mitään omaa

pitää sopuisasti kadota humanistien joukkoon
ja tappaa itsestä kaikki luova humanoidisuus
jalokivestä on hiottava tahkot ja kulmat pois
ja pestävä huolella sen himmeys puhtaaksi
päällispuolen paska edestä ja takaa

hei ... älä kysy:
tarvitseeko pestä alta?   eihän se näy!
se näkyy!

muistakaa olla hehkuttamatta
kuudentoista tähden *"hotel californiaa"*
jossa rahalla pääsee kahdeksaan tähteen asti
mutta loput kahdeksan tähteä on lunastettava hyvyydellä

ensimmäisiin ei köyhillä ole varaa
ja viimeisiin taas rikkaat eivät yllä
ei! on heitettävä erikoiset tuumat pois
arvelematta

Tuusula 25.03.2007

NUTISTAMISSEERING

kerjäätkö huomiota ja kateellisten jumalien vihaa
varo! tekevät sinut vielä yksilöksi

roomalaiset sanoivat jumalten kostavan
jos kuolevainen kerää kaiken huomion itselleen
vievät häneltä vähäisenkin järjen vitikkoon
ja saattavat puhumaan mieltä vailla

no ... sama se!

Tuusula 26.03.2007

KIRKKOMAA

kunhan kirkkomaa saisi pitää elävät ruumiinsa saatoissaan
ja imeä itkuvirsistä tuoretta verta kasteeksi kukinnoilleen
ettei se koko ajan huohottaisi meidän kuolleiden niskassa
kuin olisimme sen omia

kiiruhdan päiväyön varjoihin
sillä henkeni ottaa takaisin joku muu
kuin petomainen kirkkomaa
ja sieluanikaan se ei saa

tämä sana on vakaa ja tosi että kun joku saa seuraa hengistä
kirkkomaa saattaa hänet kauhistuen ja kateellisena helvettiin
kuinka ontto ja hirmuinen se on

mutta kun on langennut koloon monta kertaa kirkkomaassa
niin pimeässä sitä voisi jo kutsua melkein Herran työksi
että uskalsi tulla kammiostaan ...

kunhan terveys vain kestäisi sen
tai luomiskyky nyt ainakin
ettei heränneen lasaruksen sydän uupuisi
ja mieli kylmenisi murtumiin

niin ... ja ettei erehtyisi olemaan liian iloinen
se kun maksaa niin vietävästi
ja lasarus on köyhä
kirkon rotta

Tuusula 27.03.2007

KOSKAAN ETTE TULE TÄYSIN TIETÄMÄÄN

kasvojeni harmautta
tai murrettua ruumistani
ette tule täysin tuntemaan

ette koskaan täysin tietämään
miten paljon vihasin ja rakastin
ette aavistamaan kauhujeni ja iloni määrää
eikä teille aukea säälini kukkura
tai julmuuteni mittojen rajat

ette tiedä minusta mitään!

ette aisti täysin sitäkään
kuinka asetin kaiken kohtuuden kehtoon
ja rakastin niin kuin pahuutta ei olisi
minuudessa tai maailmassa
ensinkään

Tuusula 12.08.2007

SYDÄMENI VOI TÄYTTÄÄ

sydämeni täyttämiseen ei tarvita
miljardin kastanjetin kalinaa
tai miljoonan vasken valitusta
tai tuhannen kitaran kaikua
tai sadan huilun helkettä
tai kymmenen viulun värettä

siihen tarvitaan ...
vain lempeä katse
tai ... yhden dudukin murhe

Tuusula 01.09.2007

KOLMEN SANAN SÄKEITÄ

hyvä kysymys miksi
lasarus mätäni terveeksi?

lohduta minut loppuun
täällä peilikuvani takana

miksen ole siellä
peilikuvani edessä minä?

kipeys voittaa onnen
täyttää maljani tyhjäksi

Tuusula 11.09.2007

PITKÄ HENKÄYS INTIASTA SUOMEEN
19.09.2007

Lavaruno n. 3.00 minuuttia

Putosin taivaalta ihmeelliseen Intiaan,
sen kosteannihkeään Bombayhin,
siirtomaarikollisten kaupunkiin,
jossa khakilakkisten sahibien laillisuus
turvasi hindujen ja sighien ryöstön,
laivaten mausteita ja rikkauksia satamasta,
joka on yhä turbaanipäisten hindisahibien
pimeiden taloustoimien tyyssija
ja tautien kohtu saastuttamassa haavoitettujen haavoja
ajoksin ja piikikkäin kaktus-kasvaimin,
saattaen köyhät epätoivoisina
katkomaan raajat sylilapsiltaan
ja hyödyttömiltä vanhuksiltaan,
pistäen nämä kaduilla maaten kerjäämään tavalla,
jonka vuoksi kehotan inhimillisyyteen uskovia
menemään Intiaan ja näkemällä näkemään,
miten köyhä lypsäjä lypsää puutteenalaista
ja kuulemalla kuulemaan,
miten rikas amputoi ahnehtien toiveikkaiden mahdollisuuksia,
missä laiska ajanviete, siveät huvit ja rikastuminen
ovat kohteliasta tekopyhyyttä
ja suuren arvostuksensa vuoksi arvossaan,
Bollywoodin suoltaessa mielihyvää elokuvin
ja lietsoessa siten tukahduttavaa ahdistusta
kutittamaan esiin ihmisten kaipausta intohimoihin,
saattamaan ikkunoista kadulle roikkuvat piiat
haaveilemaan miehen kalusta
ja toivomaan sikiävänsä noista alistetuista alistajista
lapsilaumoja röttelökadun markkinavoimien hampaisiin,

virittämään lapsenuskoa ihmisyyden huomiseen,
tuomittuina sataman rannoille koijiinsa siitä uneksimaan,
moskeijan aallonmurtajalla torsoina makaamaan,
hökkelikylien aaltopeltien lomassa lojumaan,
pahvikujilla nälkäisinä hoippumaan,
ja epätoivoisina anelemaan helvettiinsä menestystä,
Bombayn nyyhkiessä maailmantalouden ansaa,
pyytäen vuoroin itkien ja nauraen siittämään
pienellä kuolemalla esiin elävän kuoleman kasvoja,
noita teatteri-ilmeiden naamareita, joita maailmalla on jo miljardeja
ja Tuusulassakin sentään kymmenin tuhansin
ja joiden taakse minun olisi ehdottomasti nähtävä,
jotta ymmärtäisin olla koskaan hyväksymättä sitä,
miten tämä päivä ja huominen
taluttaa silmieni kaleidoskooppiin Suomessakin
yhä uusia tarinoita ja ihmisiä,
joiden sivistyneitä tapoja ei voi enää perustella positiivisesti,
valehdella itselleen rikkinäistä kokonaiseksi,
vastaanottaa ja antaa heille epäilemättä,
kaiken taittuessa prismoihini normaaliuden hirviöiden kimarana;
en siis vain voi, vaikka tunnenkin,
että siinä sydän punnitaan,
missä se juuriltaan kiskotaan.

SYNTYMÄNI

hietalahden telakan konevasaroiden kalske
        tahdittaa kuvia pimeyteeni
        sysää liikkeelle kivun ja kutituksen
        tuskan ja orgasmin
        saa mustan kipunoimaan aurinkona
        kasaa maidon valkean pilven valoksi
        joka jyrähtäen imaisee taivaat hahmoksi
        puristumaan spiraalinsa läpi
        punavuorenkadun yksiöön
missä en tiedä enää yhtään syytä tänne tulooni

Kerava 02.10.2007

44

TÄLLÄ MINUUTILLA LAADITTU RUNO

en ole tietokone
    sillä tiedän kakkosen ja kolmosen
      ja seikat venyvät mielessäni

mutta olen koneen tieto
    ja koneen luonut
      tietoisen tiedoton runoilija

tietokone ei ole tiedon jumalani
    sillä runoilijana luon sille sisällön
      tiedolle vastakkaisen suhteellisuuden

naisenikaan ei ole tietokone koska vain epäilee
    minulla olevan varman tiedon siitä
      että naapurin sulotar on se kone

antaisiko sille koneelle arvoksi ykkösen vai nollan
    siinäpä kiperä kysymys sillä eros
      on älyn epiduraalipuudutus

Kerava 23.09.2007

45

HERRASKULKUMIES

pukivat ensin khasmir-kuosiin
kravattiin silkkiin ja satiiniin

hyljättyjä arvoja

nyt on kulkijan puuvillapaita
puuttuvine nappeineen
kaulus ja hihansuut silittämättä

Helsinki 1980

SANOITTA VAILLA

tämän kulttuurin koukku
    on tuotteita näyteikkunoissa
        syytämässä tarpeiden sadetta

kaduilla onnelan varjoja
    vääntynein mielin odottamassa
        sitä minkä sanoilta saisivat

minä vain olen joskus sanaton

Cairo 05.07.1985

RUNOILIJAN KIRVEET

ollapa aina ajatustensa kanssa
ajassa
paikassa
ja puitteissa

mutta että runot olisivat vailla
aikaa
paikkaa
tai puitteita

Helsinki 1981

AIKAMME LAPSIA

aikamme vanhukset
ovat viisaita lapsia

he leikkivät vaieten puistoissa penkeillään
seuraavat huolella pienokaisia puuhissaan

mutta heidän silmäystensä läpi tuikkii
erehdysten antama voima ja levollisuus

kunnianarvoisista kehistään huokuu
harmaa rauha pienten ihmisten ylle

Helsinki 1981

NARRILAIVA

kyllä kapteeni kulkuri-jussi on hullu mies

hän ohjaa savuisilla kyynelillään
ovelien narrien lemmenlaivaa
tuskanpunainen takki päällään
silinterihattu hilpeästi kallellaan
hänen päänsä on itkuista harmaa
mutta hän pitää silti kurssia ja ... nauraa

kyllä kapteeni kulkuri-jussi on hullu mies

Helsinki 1980 om. Johnny Walker -whiskylle

TODAY IN BAGDAD

kaikki mitä on jäljellä tänään:
        jumalainen näytelmä ja päiväkirja
                colt-savukeaski
                        riittävästi grant's whiskyä
teroitettuja kyniä lepäämässä pöydällä
        tahratonta apuviivallista paperia
                tekemättömiä kirjeitä
                        ja lausumattomia huomioita
tupakan tuhkaa ja huulilta alaston rukous: ole armollinen!
vuorisaarna ja fm-bagdad:
        when you are in love
                tulevaisuus määrättyyn kohtaloon uskoville:
                        feeling like a little kid
mutta vielä minä seison
        taas itseni rajoilla värein ja väristen
                vaikka hietalahdessa
                        vielä mariamne mielessä
tai öisen sukin basaarien valoissa
        jotka halkovat hautuumaan hirveää lemua
                koko tämän babylonin kaupungin yllä
bagdad ei todellakaan hautaa kuolleitaan
ja ali baban kivipää nauraa minulle julkeasti
saddamin palatsin portilta

Bagdad 11.01.1984

51

INTIAANI

valkoiset enkelimiehet
missä ymmärryksenne edisti toivoa
kun laajensitte valkean syövän
purskumaan äkäisen tuumorin lailla
villinä uuteen maailmaan

paalutitte taudeilla maata
haitte takaisin hukkaamianne
teiltä ryöstettyjä maita
ja sivistyksen anastamia arvoja
mutta toitte mukananne ahneuden taivaaseenne

punaiset intiaanit
palomino-chevynne haukkaavat
kuuman highwayn pölyä
kiitäessään asfalttipreeriaa
etsitte kanjonirampista toivon exitiä
casinon henkimaailmaan

ajo tuskanne suistaa humalaan
ja huudatte onnenne perään: kiaa ... kiaa a ...
suuntanne on kohden yötä
jonka valot kutsuvat tangoon reservaatin casinolle
faron tahtiin tanssimaan

vinhasti pyörii faro ja tanssi maailmanpyörässä
se unelmistanne laskuttaa ja onneanne ottaa
black hills on jaossa
näettekö nyt selvästi whiskyltä
että maata voi ryövätä
ottaa ostaa myydä sekä jakaa
ja miten kaikki edenin puut
taittuivat aavikon kerubien sulkasiipien takaa
vesurina sivistys ja menestys sekä viina

kiire viettelee amerikan ahneutta:
ota nyt sillä mikään ei kestä
ei tämä lohduton betonibaabelkaan
tällä autiolla preerialla

Kojanlahti 06.08.1981

KAKSI KÄTTÄ

käteni ovat tehneet hyvää ja pahaa
suorittaneet kaikenlaisia toimia
ja tekojeni suhteellinen hahmo on
niiden tahkot kerrottuna seurausten neliöllä

heijastan olevaista tarkoin
mutta käännän peilikuvan nurin
ja annan käsille toimia
                    suullekin
                        väkisin
haluan unohtaa
heijasteiden täydellisyyden hetkeksi
ja haalia hyödyllistä hyödyttömyyttä
sillä niin on hyvä kuin pahakin
elävän kuoleman kourissa
                    hyödyllistä
                        ja hyödytöntä

Helsinki 21.04.1981

VIIMEINEN TIKKI

sekoitan pakan ...

saan ässän   kaksi sotilasta   kuninkaan ja akan
viimeinen tikki antaa häviön

ässä pois ilman muuta
samoin kunkku
lyöntivuoro säilyy
kuinka pelaan
tappio häilyy
hävitän toisen soltun
aivan liian suurta
saan taas kiinni
nyt on sama
panen peliin uuden miehen
jonka alle hertta seiska hymyilee
jäljellä on enää daami
joka helposti lyö kakkosen
niin käy pelin
kera laatukorttien

sekoitan pakan ...

Helsinki 1981

KUINKA JUOTIN JULMUREITA

aluksi luulin ylistäväni kaiken suuruutta iäti
mutta ... kuka ei lopulta kapinoisi
puolustautuisi avuttomana
ettei leikkiä lyö
kun ahnas sika syö
maapallon kalleinta napaa

luulin voittavani kivun
siihen alistumalla
mutta mitätöin vain kasvuni
kun kaivoni tulvivat
juotin lätin sorkkaväkeä sikahumalaan
tai ravitsin julmurien positiivista iloa
ja täydellistä taitoa mitätöidä syyt
mutta ei seurauksia
minussa

Helsinki 1981

VOIMALLINEN SANA

kylmiin mustiin graniittipaasiin
uppoaa lempeä sana

nyt en kerro valmista tarinaa
sillä sellaiset ovat
sanoilla kirjailtujen kivien alla
ja tarina on sanojensa valon vanki

Helsinki 1982

PUTKINOTKO

putkinotkon kupliva kiljuhinkki
kyljessään olutpanimon putkiurku
pullistellen etanolisieluille nimettyjä tuubeja
komento:
kaikki järjestyksessä uudelleen määräputkeen!

syöksyjen luvulla ei ole merkitystä
ymmärrystä ei tarvita vain juopumus
ja tunne tai tuntuma
oikeastaan arvelu

pore sokaisee kaikki livahtamaan
vasemmalta oikeaan tai oikealta vasempaan
sukeltamaan kiireesti kännissä sisään pillien suista
komento jälleen:
kaikki loput epäjärjestyksessä väärään putkeen!

Helsinki 1981

SIELU

kuvitelkaa toiveiden takki yllenne
lähtiessänne kierrokselle
kun lenkki on tehty
    kaukana käyty
        ja kaikki nähty
on se jo riisuttu pois

sallikaa myllyn karheiden jauhinkivien
syyn ja seurauksen möhkäleiden
hiertää alastomuutenne hienoksi
niin teette kanssani runoelmaa
ja yritätte epätoivoisesti löytää kauneutta

kovin harva haluaa ymmärtää
minkä näkee itsessään rouhittuna
vaan vain sen mitä ei näe
ja sitten siihen jo heittääkin henkensä
ihan kokonaan

Helsinki 1981

NAULOJA I

kirstussa on nauloja jo aikamoinen joukko
haen siihen pari lisää päiväyön vankilasta
sen seiniin on poltettu ratashampaiden ratina
kapina raivo syytös ja viha
niin ... ja kosto

siellä ei ole lohtua eikä toiveita
vaan hurjaa kiroa
ei armoa eikä mairetta
mutta ... ihan helvetisti nauloja

Helsinki 1980

NAULOJA II

siihen kapiokirstuun ovat ammentaneet
JH:t PH:t ja Hessu K:t
Pulit Jonttet ja Jaskat
koko yhteisön vääntämät paskat
ja yhtä tiukkana joka suu

joka ainoasta sanastaan räjähti
läpi kalkin ja kiven:
välähti!

Helsinki 1980

VASTAHAKOISESTI TÄYTYY

kenellä olisi rohkeutta ja uskallusta
elää tietoisesti yksin yhdessä
omasta halustaan ja itseään
        kuten hulluus
vaikka kaikkien tietämättään
vastentahtoisesti täytyy

hetken korskahtelen kuin hevonen kiidossa
laukkaan vapaana avointa laidunta
ja taitan vahingossa jalkani ansalankaan
hoitaisiko metsästäjä tuskani pois
muka vain säälistä ... turha toive!

yli viisi miljardia lauhkeaa lammasta
samassa katraassa määkii surkeina
yksinäisyyttään kaltaistensa joukossa
mutta kaiken nälkä teurastaa niistä jokaisen
outojen kutsuvieraidensa sotapöytään

lehmä siemennetään käsin
maito lypsetään siitä hyväksenne
elikko ruokitaan kelvottomaksi kantturaksi
kunnes jätetään kapeaan lahtikarsinaan
hyödyttämään teurastajaa

koira pyörii jaloissanne
se tervehtii teitä ja pitää iloista seuraa
elämän kaikessa ankaruudessa
sille suotteko puoltakaan lämmöstänne
kuten kiusaajalle sohvalla vuoteella vieressänne?

kotka liitää nälkäisenä korkealla taivaalla
mutta irti kaiken turhan kahleista
se nauraa meille siivettömille ja mitättömille
pitäisikö laillanne ampua vasama tuohon röyhkeyteen
silkkaa kateutta?

rottaa terapiapyörässä katselee huvittuneena
turhautuneena häkissään se muistuttaa oivasti
typerästä edistyksen juoksusta
mutta sen ollessa vapaana
kehoaan puistaen sitä inhoaa

kenellä olisi uljasta uskallusta
elää eläimen tavoin mutta täysin selvillä
tietämättömyyden pelottavista valinnoista
vaikka tiedostamatta
yksinkertaisesti aina täytyy

Tuusula 13.10.2006

ELOKUVISSA

echo avaruudesta telakoituu viemäriin
ja korskahtelee psyyken nuottiviivastolla

echo kauhun tosiepätoden fantasioin
nai kuollutta kylpyammeessa
aah ... ooh ... uuh ... aaa a

echo ruumissäkissä ynisee olevan vaarallista
nautinnon purkautua ulos psyykeen raudoissa

Tuusula 30.10.2006

PARADOKSI

koettelemus väräyttää horjuttaa
ja suistaa mielen suunniltaan

onko kuitenkaan suurempaa
kuin se kestää toivoa   ja uskaltaa

voida olla

Tuusula 28.11.2006

IMPRESSIONISTI

impressionistin harsoinen kuva
uneksivan taiteilijan elämä
sumusta muodostuvaa pintaa
jonka usvassa kaikki on sävy sävyyn

ajatus katoaa tunnetilaan
visio ei tavoita linjoja
tai linjat haipuvia ääriä
eivätkä muodot varjoja
heijasteiden kombinaatiota

vähästä hahmottuu kaikki
tietty pieni ja tunnistettava
jolla saan sieluni täytetyksi
väreillä rajoilla ja ajatuksella
jollakin todellisella

joku wardi maalaa läiskiä
värikkään utopian vision
asetelman kuin päiväyö
ja herättämäänsä väentungosta pelästyen
pyrkii arkana karkuun
ladyn ihastunutta kättelyä

jää sentään - kun osti taulunkin -
ja sanoo työstään vain:
"omenoilta ne minusta näyttävät
vaasi ja kukkia"

Tuusula 28.11.2006

66

VISUAALISTA

en tunne kasveja tai tunnista hyasinttia taulusta
en muuten hyvin syönyttä maalariakaan
siksi minulla ei ole visuaalista näkemystä
tokaisee ontuva ovella tietämättömyydestäni

pidän suuni visusti kiinni ja mietin
kuinka pienistä sikermistä
rakentuu suuri ja mitätön asia
koko elämän kokoinen maailma

tähän paperille sitä ei osaa selittää
ja ilmaan sanoiksi heitettynä
sen avaruutta ei ymmärrä

silti näin jälkikäteen ajatellen
juuri se sama näkemättömyys
avasi oven sinulle ja katseli
kuinka tukikeppisi ja ehtimisen huolesi
loittonivat taksilla
muista ontuva
etten nähnyt hyasinttia kuten ehkä halusit
mutta konkatessasi kadulla peilissäni
sinä et nähnyt kuvaasi

Tuusula 28.11.2006 LV

PIKAVÄÄRÄÄ

kalotti punanuttu housut sukat ja kengät
tahtova oikku verhoutuneena noidaksi
sympatiani nousevat hänen kirotessaan
kolikonkerääjien kivistä merta

katselen hänen viehkeitä markkinointitemppujaan
ja mielisin löytää lehmien ajatuksen
vain minkki dynamon päällä häiritsee

saat kymppejä viivasta   olla vasten ja myötä   loistaa
mutta sama vanha sairaus meitä kumpaakin vaivaa
ja se ei ikinä ymmärrä asiaansa

inuva on elävä
koira ja sika ovat myös
ihan avuttomia viehkeitä elukoita
mutta elukoita laillamme vain

ei tule meistä enää niiden kaltaisia
eikä niistä meidän
eikä enää päästä riittävän lähelle itseä
uneksien luonnollisesti

toistemme sijaisuus ei ole mahdollista
mielessämme on vain turhuuden tekemisen kiire
ja sen debet ja credit

eläimen katse ei kysy:
olenko samanlainen
vai kenties paljon vähemmän

haa ... tapasi mukaan vielä hangoittelet
ja kiivailet hurjasti vastaan
mutta sekö elävä olento
vaikka - tämä on tärkeää - kaipaisi kenties sinua
haluaisi kaipuutasi
tai ajatustasi ihan tarkalleen

sekö vihamiestäänkin siunaisi
tai rukoilisi puolestasi
eläinkö valvoisi sinusta huolissaan
vain saadakseen sinua rakastaa
niin ei tee edes inhimillinen

ymmärryksen luontoon voi saada
erottaa naudan ja sian
ja poimia niistä sen ... mikä on kuin ihmisen
vaikka ...
samanlaisilta ne minustakin näyttävät

Tuusula 28.11.2006

PEILI

ei pandoran ruukussa ole mitään hyvää
ei edes toivoa
   tuota synnytyspihtiä
joka auttaa hirviösikiön esiin

eikä maailma murhaa itseään
edes toivolla toivosta
   tai huolettomuudella
eikä valvo ajan hampaissa

vaan maailma nääntyy katsoessaan peiliä
jonka kuvastin on säröillä
   ja joka sylkee verta
vasten kuvastuvia kasvoja

Tuusula 12.12.2006

JOSKUS KIRJOITAN

vielä minä kirjoitan
täysin vasten odotuksia
ja odotusten mukaisesti
runoja riemusta ja onnesta
hyvyydestä ja oikeudesta
armosta ja mahdollisuudesta
innosta ja auliudesta
nöyrästä positiivisuudesta
uskosta ja toivosta
ja rakkaudesta

vielä joskus kirjoitan niistä
odotuksienne mukaisesti
täysin vasten odotuksianne

Tuusula 12.12.2006

ETEENPÄIN OLEMATTOMAAN

häviän ilmaksi jota hengitätte
ja kuten aamukasteen nostaman autereen itku
liukenee ruoholta
pisaroidun puronne polveen solisemaan
ja uutun aromeiksi puutarhaanne
jossa tuoksuvat kukat kumartuvat puoleeni
kourien minusta otetta juurillaan

hajoan kasvinmaahanne
vereni punatessa ruusujenne teriöt
siinä on kylliksi maailmalle
ja aivan riittävästi uhriksi ihmisen
olen janus-kasvoisen elävän kuoleman organismi
joka rohkeasti täytän tyhjyyttä
ylpeilen valaistessani pimeyttä
ja nauran olemattomuutta
jumalien edessä astellen

Tuusula 07.01.2007

SYÖPÄLÄISIÄ

katselen lutikka-armeijan marssia
lentokenttäterminaalin lattialla - mikä mieletön vilinä -
ja "nebukadnessarin" parasiittivirkain tönittäväksi alistuneita
faraon siirtotyöläisiä purkamassa nöyrinä aasinkuormiaan
ahneiden rajamiesrosvojen ryövättäväksi
samalla toivoen rahaköntin anuksessaan säästyvän ... vaimolleen
tai muoviaseiden edustaman salavihan kaikkeen ... lapsilleen

lahjukset vuosien uhrautuvasta työstä joka erotti heidät tuteista
vaimosta lapsista ystävistä tai kodista ja kotimaasta
laiminlyönti joka armahtaa kaikki osapuolet toisiltaan
tijuanassa bagdadissa tripolissa bombayssä
cairossa ja helsingissä

Bagdad 24.03.1984

SURKUHUPA

minulla ei ole omaa tupaa eikä omaa lupaa mutta
sorkkasääri vakuuttaakin sen olevan silkkaa surkuhupaa

ja että petturuutta maailmassa kyllä piisaa
eikä siinä auta kuin kätkeä aivoiltansa piinaa

vakuutella kestävänsä tämän kaiken kyllä
vaikkei lohtu aivan tänne asti yllä

ja jos olo ypöyksin yhteydessä riittää niin ei auta silti
kuin piru tanssiin pokata tai niiata ja kiittää

Helsinki 1981

LUOKSENI KÄYT LUOTAIN

helvettini ote hellittää
sen kotkan kynnet auki taipuu
ja pito vitkaan rinnastani irtoaa

sinä luokseni käyt ja poistut luotain
sydän haavautunut kiinni jää
vain hiukan sinuun enää

Helsinki 1981

PÄIVÄPERHO

on kaikki alku ihmisten
kuin yhtä samaa juurta
ja leikki päiväperhosten
vain sukurutsaa suurta

myös teot pienen ihmisen
kuin maailman toimi väärä
ja synty uuden auringon
sen verenvihan määrä

Helsinki 28.09.1981

PAJUPILLIN SURU

otsa vaoille kynnettynä
harmaatukkainen mies
kulkee lovettu pulikka suupielessään
sysäten pillistään ulos iloista sävelmää
jota syöttää maailman nieluun

pajupilli puikkii
askelten tahdissa säveliä ylös ja alas
sillä yksinäisellä tiellä
kohden tulevaa
mennyttä aikaa

ota minut mukaasi
niin teen itselleni pajupillin!

Tuusula 04.06.2007

SAARIKOSKEN NAPA

ihmisen tuijotus suistetaan katsomaan toisten napaa niin
että unohtaa omaa napaa olevankaan
mistä kiitellään

minä en ainakaan halua olla mukana nöyrien juhlassa
ja potea poliittista krapulaa vain toisten navan tuijottelusta
kun yhdessä herätään kuitenkin huomaamaan
että ollaan tyhmyyksissämme jo mukana
siinä navan kaikessa

hinnasta välittämättä

Tuusula 20.06.2007

HOTEL SALO

soundit soivat
    kapakan örhöjen vaikulla suljetuille korville
liian hiljainen ullakko lepakkojenkaan pesiä
kauneuden taju on heistä abortoitu
ja jätetty vain kyyninen epäluulo
        epäkypsyys

ajan ongelma ei ole raha
    vaan näköalojen näkemisen puute
        vimmainen osallistuminen hauskanpitoon
            joka sulkee piiristään tunnon ja ajattelun
onneksi erotuomari ja valomerkki pelastivat pelin poikki

Salo 20.06.2007

JOSPA VASTAISIT MINULLE

kerro minulle
millaista on kulkea kolmekymmentä vuotta hiljaisena ja nöyränä
ja miettiä milloin saa koota itsensä taas eheäksi
ja antaa äänensä jylistä nimeäsi

vastaa minulle
pitikö ne kaksikymmentäneljä vuotta metelöidä ylpeänä
voidakseen luopua heikkoudestaan
ja tuntea luissaan kopeuden rajat

selitä minulle
tarvittiinko kolmekymmentä vuotta hiljentymistä
kahdenkymmenenneljän äänekkään jälkeen
että osaisi hetkessä kirjata sinun nimesi

selvittäisitkö minulle

Tuusula 16.09.2007

MINÄ SANON MILTÄ SINÄ MAISTUT

sinä olet ikuisesti suurin
sillä hyökysi pakahduttaa kehoni ilolla
ja saatan tuskin hengittää
ilman sinua en kuulisi suiden tiukujen helinää
eivätkä korvani taipuisi kielen kulkusten kilinälle
ilman sinua minulla ei olisi sitä ensimmäistä eikä toista

    suurin ikuisesti olet sinä
joka vaivalloisella tielläni ryhdyt tanssittamaan
ja ajatusten raunioiden sydestäkin
nouset kointähtenä kirkkaasti loistamaan
viet portin läpi yöhön kohtaamaan ystävää
jättämään yksinäisyydestä syntynyt kiitos

      kyllä ikuisesti suurin olet sinä
joka yhdistät maassa sydämet ja hajotat helposti
tomuksi lihakset luut ja nivelet
kasaat kaiken uudeksi jotta puutteesta ja ahdistuksesta
nousisi kylläinen lapsi joka elää jo isänsä ja äitinsä
pienimmästäkin henkäyksestä

      suurin ikuisesti olet sinä
jonka nimi runoissa joskus kuin häpeillen mainitaan
mutta minä jätän sen nyt mykistyneenä sanomatta
koska majesteettisuutesi edessä näin mitättömänä
huuleni eivät tohdi lausua nimeäsi ääneen
sillä niistä kolmesta kuvaamattomasta

ikuisesti sinä olet se suurin

Tuusula 15.09.2007